II

CUBA ¡Que Bolá!

UN ENSAYO FOTOGRAFICO — A PHOTOGRAPHIC ESSAY

TANIA JOVANOVIC

Copyright © 1999 Ocean Press
ISBN 1 876175 20 6

Published by Ocean Press
Australia: GPO Box 3279, Melbourne, Victoria, 3001, Australia.
Fax: 61 3 9372 1765
E-mail: ocean_press@msn.com.au

USA: PO Box 834, Hoboken, NJ 07030
Fax: 201 617 0203

Ocean Press Distributors

USA
LPC/InBook, 1436 West Randolph St, Chicago, IL 60607, USA.
UK & Europe
Global Book Marketing, 38 King St, London, WC2E 8JT, UK.
Australia & New Zealand
Astam Books, 57 - 61 John St, Leichhart, NSW, 2040, Australia.
Cuba & Latin America
Ocean Press, Calle 21 #406, Vedado, Havana, Cuba.
Southern Africa
Phambili Agencies, PO Box 28680, Kensington, 2101, Johannesburg, South Africa.

Copyright © 1994 by Tania Jovanovic

Published by Alafia
209 Stewart St, East Brunswick, Melbourne, 3056, Australia.
Fax: 61 3 9380 6013

Tania Jovanovic represented by
M33 Photoagency,
16 Carlisle Avenue, Balaclava, Melbourne, 3183, Australia.

Cameras: Olympus OM1, OM3Ti, OM4Ti.
Photosensitive Materials: Kodak

Design: Roslyn McCully

Printed in Australia by Australian Print Group.

Para mi hermana Radmila

For my sister Radmila

VI

Cuando llegaron las fotografías sobre Cuba de Tania Jovanovic, me encantaron inmediamente.

Fue imposible no sucumbir a las callejónes, las paredes desconchadas, las limosinas fantasmales, la música, el ambiente antiguo, impregnado con la elegancia y la diversidad de una época anterior a la sociedad de consumo y sobre todo, la gente relajada y llena de vida, de cada tipo y color. Cada imagen compartía una cancion de comunidad y de vida animada.

Durante varios meses las cartas de Tania contaban la frustración y la desesperación: el racionamiento, los apagones y la escasez. Desde 1991 los cubanos han vivido con una austeridad dura y necesaria para prevenir el hundimiento de la economía Cubana. La caída del comunismo en el Este de Europa ha dejado a Cuba con pocos aliados, en una situación agravada por el bloqueo económico impuesto por Los Estado Unidos desde hace 35 años.

When Tania Jovanovic's photographs began to arrive from Cuba, I was immediately enchanted.

How could I not succumb to those cinematic streets, the peeling paint, those ghostly limousines, that music which wove its way into every frame, the old fashioned atmosphere redolent of grace, of variety, of a time before mass consumption, and above all those relaxed and vivacious people of every shape and hue? Each image seemed to share in a song of community, of zest, of life lived.

As time went by Tania's letters spoke of frustration, even despair. Rationing and blackouts formed a backdrop to existence and everywhere she saw lack, shortages, restrictions. Since 1991, Cubans have been living with severe austerity measures imposed to prevent the collapse of the Cuban economy. The fall of Communism in Eastern Europe has left Cuba with few allies, a situation profoundly aggravated by the 35 year old trade embargo imposed by the U.S. The economic facts of daily life are grim.

1

(continued)

Sin embargo, las fotografías que nos mandó Tania durante los próximos dos años reforzaron los primeros temas. El ambiente sensual y lleno de vitalidad persistía, pero enriquecido con un perfume agridulce. El espiritu original que caracterizaba sus fotos se ha profundizado. A la impresíon inicial se añadió una dimensión de complejidad: el contraste entre la tradicional alegría del cubano y la lucha por la sobrevivencia económica. ¡Llevan una vida dura, pero la salsa no para!

Esta colección de fotografías no persigue ofrecer una muestra completa o definitiva sobre Cuba. Representa el encuentro de una persona con una cultura cuyos ritmos y valores hayan receptividad los suyos. Cuba está en un punto crítico de su historia. Para los que vean estas fotografías, es imposible imaginar que la vitalidad de ¡Que Bolá¡ pueda desaparacer.

Yet the photographs she sent us over the next two years pursued all the early themes. The atmosphere suffused with warmth and vitality persisted, but a new richness developed, an almost bittersweet perfume hung in the air. The original spirit she had conveyed had deepened. To the initial impression, was now added a dimension of complexity; alongside the revelry, the stringency of economic struggle. Life's a bitch but the salsa doesn't stop.

This collection of photographs does not aim to present a comprehensive or definitive view of Cuba. It is one person's encounter with a culture whose rhythms and values resonate with her own. Cuba is at a critical time in its history. For those of us who see these photographs, it is unthinkable to imagine that the spirit of ¡Que Bola! could ever vanish.

Helen Kristina Frajman **Director M33 Photoagency**

MELBOURNE AUSTRALIA OCTOBER 1994

La Calle

The Street

Escandalo en la calle **Scandal in the Street**

LA HABANA

5

El Domingo Cubano **Cuban Sunday**

SANTIAGO DE CUBA

Las madres de La Revolución The mothers of The Revolution

SANTIAGO DE CUBA

La playa Siboney **Siboney Beach**

ORIENTE

Las actividades en la calle **Street activities**

HABANA/SANTIAGO

9

La tarde, El Malecón **Afternoon, The Malecón**

LA HABANA

10

La Habana Vieja **Old Havana**

LA HABANA

La Habana Vieja **Old Havana**

LA HABANA

12

13

En el tren
Train ride

LA HABANA

En la gua gua **Bus ride**

ORIENTE

15

Socios **Pals**

SANTIAGO DE CUBA

La Casa De La Trova House of the Troubador

SANTIAGO DE CUBA

17

Una boda en Los Sitios **Wedding Reception**

LA HABANA

Folklore, La Casa De Africa **Folklore, The House of Africa**

LA HABANA

19

Folklore, La Casa De Africa Folklore, The House of Africa

LA HABANA

Conjunto Folklorico Nacional National Folklore Group

LA HABANA

21

***Adriano* Adriano**

SANTIAGO DE CUBA

Los niños **Little boys**

LA HABANA/SANTIAGO

23

La Habana Vieja Old Havana

LA HABANA

24

La Habana Vieja
Old Havana

LA HABANA

25

La Calle Obispo
Obispo Street

LA HABANA

La Calle Aguiar **Aguiar Street**

LA HABANA

El Malecón por la noche The Malecón at night

LA HABANA

29

El Beso **The Kiss**

LA HABANA

El Malecón **The Malecón**

LA HABANA

Los Trabajadores

Workers

These are times of struggle, work, effort and sacrifice

Los trabajadores Workers

LA HABANA/SANTIAGO

El mecánico **Mechanic**

LA HABANA

34

El trabajador **Worker**

SANTIAGO DE CUBA

35

San Pedro y Luz **San Pedro and Luz**

LA HABANA

Los vaqueros **Cowboys**

ORIENTE

El rodeo Cubano **Cuban Rodeo**

ORIENTE

Agricultura **Agriculture**

ORIENTE

39

Agricultura **Agriculture**

ORIENTE

Agricultura **Agriculture**

LA HABANA

41

42

Las vegas del tabaco **Tobaco plantation**

SAN ANTONIO DE LOS BAÑOS

43

Las vegas del tabaco **Tobacco plantation**

SAN ANTONIO DE LOS BAÑOS

Las vegas del tabaco
Tobacco plantation

SAN ANTONIO DE LOS BAÑOS

45

Las vegas del tabaco **Tobacco plantation**

SAN ANTONIO DE LOS BAÑOS

Fabrica de tabaco
Tobacco factory

LA HABANA

47

Fabrica de tabaco Tobacco factory

LA HABANA

48

El machetero Cane cutter

LA HABANA

El machetero **Cane cutter**

LA HABANA

51

El machetero Cane cutter

LA HABANA

El machetero **Cane cutter**

LA HABANA

Carnaval y el 26 de Julio

Carnival and the 26th of July

SALVAR LA PATRIA,
LA REVOLUCION Y
EL SOCIALISMO.

La Calle Lino Rosa Lino Rosa Street

SANTIAGO DE CUBA

55

Carnaval **Carnival**

SANTIAGO DE CUBA

Carnaval Carnival

SANTIAGO DE CUBA

La madrina de la conga Godmother of the conga

57

Carnaval Carnival

SANTIAGO DE CUBA

Carnaval **Carnival**

SANTIAGO DE CUBA

Carnaval **Carnival**

SANTIAGO DE CUBA

Carnaval **Carnival**

SANTIAGO DE CUBA

Las Milicias De Tropas Territoriales

The Civilian Militia

Milicia Militia

ALAMAR

65

Milicia
Militia

66

Milicia
Militia

ALAMAR

Milicia
Militia

ALAMAR

Milica **Militia**

ALAMAR

69

Reunión de la Defensa **Defense rally**

LA VIA BLANCA

Reunión de la Defensa **Defense rally**

LA VIA BLANCA

Guarachando

Revelry

El Bulevar The Boulevard

LA HABANA

73

El palacio de la Salsa **Hotel Rivera**

LA HABANA

La Rumba verdadera **Real Rumba**

LA HABANA

La Casa De La Trova **House of the Troubador**

SANTIAGO DE CUBA

El Malecón **The Malecón**

LA HABANA

El Malecón The Malecón

LA HABANA

78

Concierto de Silvio Rodríguez **Silvio Rodríguez Concert**

LA HABANA

Ritos Afro-Cubanos

Afro-Cuban Rites

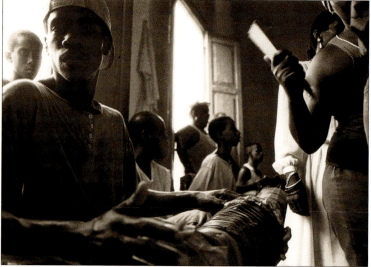

Los músicos sagrados **The sacred musicians**

LA HABANA

El Viejo palero
Palo Monte practitioner

SANTIAGO DE CUBA

El Tambor, La fiesta de Los Santos **Celebration for the Saints**

LA HABANA

83

Babalawo, Sacerdote de La Santería **Santería Priest**

LA HABANA

El Banquete de Orula **The feast of Orula**

LA HABANA

85

Altar para Yemaya, la dueña del mar **Altar for Yemaya, godess of the sea**

LA HABANA

Este libro es un trabajo de amor por parte de mucha gente. Llevo conmigo para siempre, su amistad y cariño. Gracias a todos.

EN CUBA

Reudy porque nunca en tu vida caminaste tanto conmigo. Me aguantaste hasta al final ¡coño!

Roberto y Esther porque hemos pasado mucho juntos, riendo, gozando y fajándonos.

Francisco (Pecao) porque eres la candela. El amor que tengo para Cuba, nació del amor que tengo pa' ti.

Felicia, Miki y Octavio porque me dieron algo precioso.....Maferefun.

Meneau porque te preocupaste mucho.

Tambien a Basilio del ICAP, Onelio del MINREX, Green, Arquimides, Mariela, El Viejo, Ruben y todo la familia Blanch-Prior.

EN AUSTRALIA

Mi familia, especialmente a mi hermano Micky. Tienes un gran corazón y has hecho muchas buenas cosas para todos nosotros. Todo el mundo debe tener un hermano como eres tu.

Robin Stewart por tu amistad, humorismo y paciencia.

David Deutschmann por mucho consejo y ayuda.

Helen Frajman, Emmanuel Santos, Ros McCully, Gareth Dotchin y Paul Cullity de Kodak.

EN LOS ESTADOS UNIDOS

Lillian, una amiga verdadera. Susanna, Bernadette y Jean-Paul.

This book has been a work of love on the part of many people. Their friendship and affection will be with me always. Thanks to all.

IN CUBA

Reudy because you have never walked so much. You put up with me until the end.

Roberto and Esther because together we enjoyed a lot of laughing and arguing.

Francisco because you are a flame. The love I feel for Cuba was born from the love I feel for you.

Felicia, Miki and Octavio. You all gave me something precious.

Meneau because you worried too much.

Also Basilio from ICAP, Onelio from MINREX, Green, Arquimides, Mariela, El Viejo, Ruben and the entire Blanch-Prior family.

IN AUSTRALIA

My family, especially my brother Micky. Your dedication and big heart have made great things possible for all of us. Everyone should have a brother as good as you.

Robin Stewart for your friendship, good humour and endless patience.

David Deutschmann for all your help and advice.

Helen Frajman, Emmanuel Santos, Ros McCully, Gareth Dotchin and Paul Cullity from Kodak.

IN THE UNITED STATES

Lillian, a true friend.
Susanna, Bernadette and Jean-Paul.

89